Frau Richterin Hedwig Linzer
in Verbundenheit
Frankfurt/Main, 12. September 1990

[signature]

Unternehmungskrisen und deren Bewältigung

Dr. jur. Wilhelm A. Schaaf

Veröffentlicht und
CIP-Titelaufnahme der Deutschen Bibliothek:

Meilensteine im Management/Hrsg.: Hans Siegwart . . . –
Basel; Frankfurt am Main: Helbing u. Lichtenhahn;
Stuttgart: Schäffer, Verl. für Wirtschaft und Steuern.
NE: Siegwart, Hans [Hrsg.]
Bd. 2. Restrukturierungen & Turnarounds – 1990
ISBN 3-7190-1081-3 (Helbing u. Lichtenhahn)
Bestellnummer Helbing & Lichtenhahn 21 01081 3
ISBN 3-8202-0555-1 (Schäffer)
© 1990 Schäffer Verlag für Wirtschaft und Steuern GmbH, Stuttgart
und Helbing & Lichtenhahn Verlag AG, Basel

Inhalt

Seite

1. Einleitung 5
2. Ursachen der Krise 5
3. Einleitung der Sanierung 17
4. Außergerichtliche Sanierungen 18
5. Sanierung im Vergleichs- oder Konkursverfahren 27
6. Fußnoten 30

Dr. jur. Wilhelm A. Schaaf
Rechtsanwalt und Notar
Mittlerer Hasenpfad 21 – 6000 Frankfurt 70

1. Einleitung

Sanieren eines Unternehmens heißt, eine ihm anhaftende, existenzgefährdende wirtschaftliche Schwäche zu beheben und eine hinreichende Ertragsgrundlage zu schaffen. Eine erfolgreiche Sanierung setzt die Wiederherstellung des Kapitals, die Vermeidung weiterer Verluste, die Schaffung eines ertragsfähigen Umsatzes und die Herstellung einer hinreichenden Liquidität voraus[1].

Der Begriff der Sanierung wird unterschiedlich definiert. Etymologisch leitet er sich von dem lateinischen Verb „sanare" ab, das heilen, gesundmachen bedeutet[2]. In der Betriebswirtschaftslehre versteht man unter Sanierung die Summe aller Maßnahmen zur Beseitigung einer dauerhaften, nicht nur vorübergehenden Illiquidität oder einer bedrohlich fallenden Rentabilität[3]. Nach GUTENBERG umfaßt die Sanierung *„alle Maßnahmen zur Beseitigung von Schäden, die im Gefüge eines Unternehmens entstanden sind und seine Existenz in Frage stellen"*[4]. KARSTEN SCHMIDT versucht eine rechtliche Begriffsbestimmung in seinem Gutachten zum 54. Deutschen Juristentag[5]. Seine Definition lautet: *„Der Sanierungsbegriff benennt das Sanierungsziel, – oder aber tätigkeitsbestimmt – benennt der Begriff die Sanierungsmaßnahmen; in jedem Fall besteht der Begriff aus zwei Elementen: aus dem kausalen Element der Sanierungsbedürftigkeit und aus dem finalen Element des angestrebten Sanierungserfolges."* Ein problemspezifischer Begriff der Sanierung findet sich im Steuerrecht. Eine Sanierung im Sinne des Steuerrechtes ist verwirklicht, wenn ein Unternehmen sanierungsbedürftig ist und die Schulden von den Gläubigern ganz oder teilweise erlassen werden[6]. Schon SCHMALENBACH[7] hatte auf den Unterschied zwischen Rechtsbegriffen und wirtschaftlichen bzw. kaufmännischen Begriffen für bestimmte Vorgänge aufmerksam gemacht. Demgegenüber meint EMMERICH[8], für den Begriff der Sanierung bestehe kein Unterschied zwischen dem kaufmännischen, wirtschaftlichen Begriff und dem Rechtbegriff. Letztlich sind bei einer Sanierung alle Begriffsinhalte zu berücksichtigen, da nur dann sichergestellt ist, daß eine Sanierung in jeder Hinsicht abgesichert ist. Hierbei sind zunächst die wirtschaftlichen Lösungen zu finden. *„Die Ausprägung des Rechtsbegriffs hat sich hier der Auffassung des Wirtschaftslebens grundsätzlich anzuschließen. Sie hat nur die nötige Präzision und Abgrenzung herbeizuführen"*[9].

2. Ursachen der Krise

Zu meinen beruflichen Aufgaben in den letzten 25 Jahren zählte die Abwicklung von etwa 150 außergerichtlichen und gerichtlichen Insolvenz- bzw. Sanierungsverfahren. Hierbei handelte es sich um Unternehmen zahlreicher Wirtschaftssparten aus den Bereichen Produktion, Handel und Dienstleistungen. Zu ihnen zählen Unternehmen wie AEG-Telefunken

(Verwalter im gerichtlichen Vergleichsverfahren), das Luftfahrtunternehmen Atlantis (Verwalter im Konkursverfahren und das größte Wein-Direktvertriebsunternehmen der Welt, die Pieroth GmbH (Sanierer und Treuhänder im außergerichtlichen Sanierungsverfahren). Die Tätigkeiten der von mir verwalteten Unternehmen waren sowohl national als auch weltweit ausgerichtet.

Die ständige berufliche Beschäftigung mit Unternehmenskrisen ließ erkennen, daß diese durch bestimmte, unterschiedliche Ursachen herbeigeführt werden.

Der Begriff Krise leitet sich ab von dem griechischen Wort *Crisis*. Dieses griechische Wort *Crisis* erfuhr durch die Jahrhunderte verschiedene Deutungen. Zunächst wurde es als Unterscheidung oder Unterscheidungsvermögen, als Urteil oder Verurteilung begriffen. HYPOKRATES verwendet das Wort *Crisis* erstmals in der medizinischen Literatur zur Bezeichnung der „ausschlaggebenden Phase einer Krankheit.[10]" Auch die Sanierung wird als Heilung einer Krankheit, zumindest als Versuch einer solchen Heilung, aufgefaßt[11]. Volkswirtschaftlich kam dem Begriff Krise schon früh eine Bedeutung im Zusammenhang mit konjunkturellen, strukturellen und regionalen Phänomenen zu. Die Betriebswirtschaft befaßt sich kaum mit dem Phänomen der Unternehmenskrisen, obwohl das Unternehmen ihr vornehmlichster Erkennungsgegenstand ist[12]. Erst neuerdings erscheint ein weitgefaßter betriebswirtschaftlicher Krisenbegriff, der Krisen *„als Bedrohung der Unternehmungen bzw. als ihren Bestand gefährdende Situation"*[13] ansieht. *Die Krise wird als Prozeß verstanden, der in der Lage ist, den Fortbestand der Unternehmung substantiell zu gefährden oder sogar unmöglich zu machen".*[14]

Die Analysen in einem Sanierungsverfahren beginnen mit der Untersuchung, ob eine Unternehmenskrise vorliegt. Ergeben diese Feststellungen eine Unternehmenskrise, sind deren spezielle Ursachen zu ergründen.

Eine Hilfe bietet die heutige betriebswirtschaftliche Forschung, die sich vermehrt bemüht, Unternehmenskrisen und deren Ursachen frühzeitig zu erkennen, damit sich Unternehmenskrisen gar nicht erst entwickeln können[15]. Diese unter dem Begriff „Früherkennung" gewonnenen Erkenntnisse sind auch von Bedeutung für eingetretene Unternehmenskrisen. Eine erfolgreiche Bewältigung von Unternehmenskrisen erfordert es, Unternehmensentwicklungen retrospektiv zu begreifen. Die Entwicklung eines notleidenden Unternehmens ist genau zu analysieren. Es ist zu ermitteln, auf welchen nachteiligen Faktoren die Unternehmenskrise beruht. Diese sind zu erkennen und auszuschalten. Die Wissenschaft der Früherkennung zeigt zahlreiche derartige Faktoren auf.

Äußere Anzeichen von Unternehmenskrisen sind bei Einzelunternehmen und Personengesellschaften nicht unerhebliche Minderungen des Eigenkapitals. Bei Kapitalgesellschaften dient die Entstehung eines Verlustvortrages als solches Zeichen. Neuere, wissenschaftliche Erkenntnisse haben allerdings gezeigt, daß nicht nur verdichtete Bilanz- und Finanzdaten latente und krisenhafte Unternehmensgefährdungen erkennen lassen. So kann es im Beschaffungs-, Organisations-, Produktions-, Forschungs-, Personal- und Absatzbereich früh zu erkennende Störungen geben, die sich erst später im Finanz- und Rechnungswesen niederschlagen. Derartige Indikatoren können sein: Nachfragerückgang, nachlassende Kreditwürdigkeit, nachlassende Kapazitätsauslastung, Zunahme von Reklamationen, Abwanderung von Schlüsselkräften, wachsende Lagerbestände, Änderungen von Zahlungsweisen (Zahlungszielüberschreitung, Scheck/Wechsel-Zahlungen statt Lastschriftverfahren), Ablehnung von Wechseldiskontierungen, Wechselproteste und Mahnbescheide, faktische Mängelrügen (um Zahlungsaufschub zu erhalten), Zunahme von Lieferanten (um Bonitätsrückfragen zu vermeiden), Aufteilung in kleinere Lose (um Auskunftsverlangen zu vermeiden), Teilzahlungen auf alte Schulden, Zahlungsverzug statt Kreditinanspruchnahme, rückständige Tilgungs-und Zinszahlungen bei Darlehen, Fristeninkongruenz (Inkongruenz zwischen Kredit- und Investition = kurzfristige Mittel für langfristige Anlagen), Kreditüberschreitungen.

Ursachen, die zu Unternehmenskrisen führen, können im Unternehmen selbst liegen oder externer Art sein[16]. FLEEGE-ALTHOFF, der sich bereits in den Jahren 1925–1929 mit Krisenursachen im Unternehmensbereich auseinandersetzte, unterteilte die Krisenursachen in endogene und exogene[17].

Die betriebswirtschaftliche Forschung von der Früherkennung hat durch umfangreiche Erhebungen, durch Auswertungen von Gerichtsakten, Befragungen von Auskunfteien, Insolvenzverwaltern und Gerichten zahlreiche Krisenursachen ermittelt. Genannt werden: Unzureichendes Eigenkapital, Kostensteigerungen, Mängel im Management, rückläufiger Absatz, Mängel im Rechnungswesen, der Finanzplanung und der Kostenrechnung, fehlerhafte Investitionsplanungen, Vernachlässigung der Außenstände, Überbestand an Personal, verfehlte Kapazitätsausweitung – um nur einige zu nennen[18].

An einigen der Krisenursachen, mit denen ich bei Sanierungstätigkeiten konfrontiert war, möchte ich nachstehend beispielhaft deren praktische Entstehung und unternehmensgefährdende Bedeutung darlegen.

2.1 Mangelnde Fähigkeit des Unternehmens bzw. des Managements; unzureichende Managementkapazität

Die mangelnde Fähigkeit von Unternehmern bzw. Managern, überhaupt unternehmerisch tätig zu sein, ist eine häufige, immer wieder vorkommende Krisenursache, mit der ich während meiner beruflichen Tätigkeit häufig konfrontiert war. Eine besondere Bedeutung kommt dieser Krisenursache bei einem notwendigen Wechsel in der Unternehmergeneration zu. In mehreren meiner Sanierungs- bzw. Insolvenzfälle hatten tüchtige

Unternehmer ertragsfähige Unternehmen aufgebaut. In einem Fall gelang es einem solchen Unternehmer, der sich nicht einmal ausschließlich den eigenen Unternehmen widmete, einen ganzen, in sich abgestimmten Konzern von Familienunternehmen zu schaffen. Keiner seiner Nachfolger aus der Familie hatte seine unternehmerischen Fähigkeiten. Besonders erschwerend war, daß dieser Mangel an unternehmerischer Eignung in zwei Generationen feststellbar war. Auch vorhandene Teilfähigkeiten, bezogen auf einzelne Konzernunternehmen, reichten nicht aus, um die geschaffene Unternehmenssubstanz im ganzen zu erhalten. Zu früh hatte eine Aufteilung der einzelnen Tätigkeiten auf Familienmitglieder nach Konzernunternehmen stattgefunden. Auch ein Versuch, einen das Vertrauen aller Familienmitglieder besitzenden langjährigen Angestellten mit der gesamten Leitung zu betrauen, scheiterte. Nach seinem Mißerfolg war er nicht einmal mehr in der Lage, sich in einer früheren, für den Familienkonzern wichtigen, Managerposition wieder zurechtzufinden.

Eine andere, nicht genug ernst zu nehmende, mögliche Krisenursache war Gegenstand eines Vortrages von Dr. STEPHAN SCHMIDHEINY, dem Verwaltungsratspräsidenten der Anova-Holding AG in Hurden vor der schweizerisch-amerikanischen Handelskammer in Zürich im September 1987[19]. Er weist eindringlich auf den möglichen, existenzgefährdenden Umstand hin, wenn die Größe eines Unternehmens dessen verfügbare Managementkapazität übersteigt. STEPHAN SCHMIDHEINY vertritt in diesen Ausführungen eine pointierte Gegenposition zur *Going-Public*-Welle. Die Inanspruchnahme der Vorteile einer kapitalmäßigen Öffnung zugunsten des Publikums, wie Leichtigkeit und Attraktivität der Kapitalbeschaffung, erhöhte Mobilität der Eigentumsanteile, Sicherung der Kontinuität sowie ein Werbeeffekt zugunsten von Produkt und Unternehmen, setzt seiner Meinung nach voraus, daß für das hierdurch ermöglichte Wachstum eine hinreichende Führungskapazität vorhanden ist. Die Identität von Unternehmensführung und Kapitalrisiko ist unverzichtbar. Steht einer Kapitalerhöhung dieses Ausmaßes eine nicht hinreichende Führungskapazität gegenüber, kann ein unternehmensgefährdender Engpaß an Managementkapazitäten entstehen.

2.2 Managementfehler

Managementfehler sind häufig Ursachen überlebenskritischer Unternehmenssituationen. Für einen Managementfehler und seine Tragweite typisch erscheint mir die Ursache, für ein Vergleichsverfahren über ein Unternehmen in der Eifel, in dem ich als Vergleichsverwalter tätig war. Der Sohn des Unternehmers hatte nach seiner Aufnahme als Teilhaber großes unternehmerisches Können dadurch bewiesen, daß er nach Abschaffung von Einzelanfertigungen durch eine Produktherstellung in Großserien die Umsätze von 18 Mio. DM auf 75 Mio DM p. a. erhöhen konnte, wobei

Millionengewinne entstanden. Sein Managementfehler ereignete sich bei der Anlage dieser Gewinne. Er ließ sich durch Berater verleiten, spartenfremde Unternehmen zu erwerben. In Unkenntnis erwarb er hierbei Verlust von DM 20 Mio. Die Inanspruchnahme höherer Kreditmittel war die Folge. Neue Betriebsergebnisse wurden zur Umsatzerhöhung um jeden Preis verwendet, anstatt hiermit die eingekauften Verluste zurückzuführen. Neue Produkte wurden entwickelt, ohne eine hinreichende Zeit für deren ausreichende Erprobung zur Verfügung zu haben. Es kam zu Umtauschaktionen. Zulieferanten wurden gewechselt. Leasingverträge wurden verstärkt abgeschlossen. Das Unternehmen geriet in eine kaum zu meisternde existenzielle Krise.

Ein ebenso instruktiver Managementfehler war die Ursache eines Insolvenzverfahrens nach *Chapter Seven*[20] über das Vermögen der Castle-Holding-Ltd. in Honolulu. Dieses Unternehmen gehörte einer Investorengruppe, die ein Schloss in Frankreich erwerben wollte, um dieses als Hotel einzurichten. Es erfolgte eine Fehleinschätzung des notwendigen Kapitalbedarfs, die zur Liquidation des Unternehmens führte. Zunächst verglich man den Kaufpreis für das Schloss in unzulässiger Weise mit den hohen, in Hawaii üblichen Grundstückspreisen und sah deshalb den Kaufpreis als besonders günstig an. Man informierte sich jedoch außerdem nicht hinreichend über möglicherweise in Frankreich bestehende öffentliche Auflagen. Man übersah eine öffentlich-rechtliche Verpflichtung, nach der die französische Regierung die Renovierung des Schlosses als ein nationales Heiligtum für 750 000 US $ verlangen konnte.

2.3 Überhöhter Beschäftigungsstand

Immer häufiger erwies sich in den letzten Jahren ein überhöhter Beschäftigungsstand als eine der Ursachen für die wirtschaftliche Krise eines Unternehmens. Ein überhöhter Beschäftigungsstand ist auch wieder die Ursache, für das Insolvenzverfahren über die Minox-Kamerawerke in Heuchelheim bei Gießen, in dem ich zum Konkursverwalter bestellt wurde. Während im Branchendurchschnitt ein Jahresumsatz von DM 150 000,- bis 160 000,- pro Kopf und Mitarbeiter üblich ist, wird bei den Minox-Werken nur ein Pro-Kopf-Umsatz von ca. DM 100 000,- erzielt. Die Minox-Werke haben also für den gleichen Umsatz 50% mehr Personalkosten aufzuwenden als ihre Wettbewerber. Bei der Weiterführung des Unternehmens versuche ich nun, durch Reduzierung des Beschäftigungsstandes unter gleichzeitiger Rationalisierung der Arbeitsplätze, etwa durch Verkürzung der Fertigungstiefe, den Branchendurchschnitt zu erreichen.

Die Beispiele ließen sich beliebig fortsetzen. Ein von mir aus einem Konkursverfahren heraus saniertes Gußwerk ließ sich ertragsreich nur fortsetzen, nachdem ich die Anzahl der Mitarbeiter um die Hälfte reduziert hatte. Die gleiche Problematik war bei einer Kesselfabrik zu lösen, die ich kürzlich nach einer Sanierung veräußern konnte. Auch in Großverfahren, wie im Vergleichsverfahren der AEG, war ein zu hoher Beschäftigungsgrad Mitursache der Unternehmenskrise. Der Beschäftigungsstand mußte von 125 000 Arbeitnehmer auf ca. 80 000 Arbeitnehmer zurückgeführt werden.

Die Gründe, die notwendige Personalanpassungen verhindern, sind zahlreich. So lehnten es beispielsweise die schon betagten Inhaber der Firma Bleyle grundsätzlich ab, aus Kostengründen Mitarbeiter, meist altgediente, zu entlassen. Zunächst konnten diese hohen Kosten bei dem guten Ruf der Firma Bleyle in den Preisen aufgefangen werden. Als das nicht mehr ging, geriet das Unternehmen in die Insolvenz.

Selbst politische Überzeugungen können notwendigen Personalmaßnahmen entgegenstehen, wie etwa bei dem Industriekonzern Voest-Alpine.

Der damalige österreichische Bundeskanzler KREISKY betonte ständig die „Vorbildfunktion" der verstaatlichten Industrie. Die Aufgabe von Arbeitsplätzen in Staatsbetrieben schloß die SPÖ in zahlreichen Erklärungen aus. Arbeitsplätze sollten selbst in schlechten Zeiten, notfalls durch Inanspruchnahme stiller Reserven, in Staatsbetrieben erhalten werden. Man befürchtete, durch Kündigungen in Staatsbetrieben bei Wahlen Nachteile zu erleiden[21]. Auf dieser Arbeitsplatzsicherung beharrte man sogar dann, als etwa ein Viertel von 34 000 Arbeitsplätzen während der Flaute in der Stahlkonjunktur in den 70er Jahren hätte abgebaut werden müssen. Statt dessen erfolgten weder Kündigungen noch Standortaufgaben. Nicht kostendeckende Aufträge wurden aus Beschäftigungsgründen hereingenommen. Produktionsbereiche wurden erweitert. Ausländische Kooperationspartner wurden gesucht. Eine Ölspekulation über die Tochtergesellschaft Intertrading führte zu erheblichen Verlusten. Inzwischen entstanden so erhebliche Verluste, daß auch Entlassungen in größerem Umfang und Standortaufgaben hingenommen werden mußten.

Besonders schwierig ist es in Anbetracht der bestehenden Lohnkartelle, Angleichungsmaßnahmen in Deutschland durchzuführen. Leider besteht nur die Möglichkeit von Entlassungen. Etwa die Vereinbarung geringerer Löhne für einen bestimmten Zeitraum, wie es in den USA zulässig ist, ist unmöglich. Das US-Arbeitsrecht läßt sogar die Vereinbarung unterschiedlicher Löhne zu. In einer Rede vor dem amerikanischen Bankentag 1984 in New York bewunderte selbst Altbundeskanzler HELMUT SCHMIDT ausdrücklich die Amerikaner wegen ihrer mobilen Arbeitnehmer und ihrer flexiblen Gewerkschaften[22]. Bei einer gerade begonnenen Sanierung einer amerikanischen Tochtergesellschaft eines deutschen Konzerns kommen mir diese Möglichkeiten sehr entgegen, und zwar im Interesse der tragbaren Verteilung der Last der Sanierung auf die bei dieser Gesellschaft tätigen Mitarbeiter. Der totale Arbeitsverlust kann durch derartige gesetzlich zulässige Regelungen vermieden werden.

Hilfreich bei der Sanierung einer japanischen Tochtergesellschaft eines deutschen Unternehmens im Jahre 1988 zeigte sich die bei japanischen

Arbeitnehmern gehandhabte Tätigkeit in Gruppen[23]. Nicht der Einzelperson werden die Aufgaben zugeteilt. Die Zuordnung erfolgt an Gruppen, deren Mitglieder für die Aufgabenerfüllung gemeinsam verantwortlich sind. Die Mitarbeiter betrachten ihre Arbeit als Beitrag zur Erreichung der Ziele der Unternehmung als Ganzes und ihrer speziellen Gruppe im besonderen. Flexible Aufgabenzuordnungen werden hierdurch sowohl in der Gruppe als auch unternehmensweit erleichtert, was Sanierungen nachhaltig einfacher gestaltet.

2.4 Umsatzdenken

Eine wesentliche Ursache von Unternehmenskrisen ist das sogenannte Umsatzdenken. Leider ist es gemeinhin üblich, die Größe eines Unternehmens nach seinem Umsatz zu bestimmen[24]. Gefährlich ist hierbei, daß deshalb Umsatz um jeden Preis gemacht wird, ohne Rücksicht auf den Ertrag. Im Interesse der Umsatzdarstellung werden nicht einmal kostendeckende Aufträge übernommen, was je nach Größe des Auftrages zu existenzgefährdenden Verlusten für ein Unternehmen führen kann. Ein Beispiel hierfür ist die AEG. Unter den deutschen Elektrounternehmen war sie vor dem Vergleichsverfahren an zweiter Stelle hinter der Firma Siemens und vor der Firma Bosch. Nach dem Vergleichsverfahren stand sie an dritter Stelle. Sie hatte jedoch anstelle eines Verlustes von ca. 1 Mia. DM im Jahre 1982 wieder einen Gewinn von 37 Mio. DM im Jahre 1983.

2.5 Finanzierung verbundener Unternehmen

Die Finanzierung von verbundenen Unternehmen kann nachhaltige Ursachen für Unternehmenskrisen herbeiführen. Bei der Übernahme eines Sanierungsauftrages für ein namhaftes, heute noch tätiges Baudekorationsunternehmen im Jahre 1976 fiel mir die Bilanzposition „Forderungen an verbundene Unternehmen" auf. Eine genaue Überprüfung ergab, daß das Baudekorationsunternehmen laufend eine Schwesterfirma finanzierte, deren Verlustprobleme nicht beseitigt werden konnten. Ein bestehender, außergewöhnlich nachhaltiger Wettbewerbsdruck durch Unterbietung war nicht zu beherrschen. Erst die Liquidation des Schwesterunternehmens entlastete das Baudekorationsunternehmen so, daß mit einer später auch erfolgreichen Sanierung begonnen werden konnte.

Beispielhaft für von Tochtergesellschaften ausgehende Risiken ist auch das Verhältnis von AEG zur Olympia AG. Schon während des Vergleichsverfahrens waren die ständig von dieser Gesellschaft produzierten Verluste ein Problem für das Gesamtverfahren. Diese Schwierigkeiten konnten Jahre nach dem Vergleich über das Vermögen der Muttergesellschaft bis heute noch nicht beseitigt werden. Nach wie vor handelt es sich bei der

Olympia AG um ein verlustbringendes Unternehmen. Eine Lösung wird nun dadurch versucht, daß die Aktivitäten des AEG-Konzerns auf den Gebieten der Büro-, der Informations- und Kommunikationstechnik zum 1. Januar 1988 in der Olympia AG zusammengefaßt wurden[25].

Gleiche Erfahrungen im Büro- und Kommunikationsbereich machten VW und die Ing. C. Olivetti & Co. Spa., Ivrea (Italien), mit der deutschen Tochtergesellschaft Triumpf Adler AG (TA), Nürnberg. Nachdem diese Tochtergesellschaft bereits früher VW erhebliche Verluste verursacht hatte, ergaben sich für Olivetti noch Verluste für das Jahr 1986 von 258 Mio. DM und für das Jahr 1987 von 223 Mio. DM (einschließlich außerordentlicher Aufwendungen für einen Sozialplan), wobei das Unternehmen Triumpf-Adler AG seit 1979 keine Gewinne mehr erwirtschaftete[26].

Erwähnt werden darf in diesem Zusammenhang auch die *„Buy-and-Sell"*-Beteiligungspolitik des britischen BAT-Konzerns in der Bundesrepublik. Nachdem dieser Konzern bereits durch Beteiligungserwerbe in den USA und Großbritannien zum Mehrbereichskonzern geworden war, wollte er auch in der Bundesrepublik die Gewinne der BAT Zigarettenfabrik GmbH (HB) über die besonders hierzu gegründete Beteiligungsholding Batig (zunächst Interversa) anlegen. Die Vorgänge bezüglich Weinkrüger, Horten, Pegulan, Hüppe, Acordial, Schock sind allgemein bekannt. Die Ertragsstärke des BAT-Konzerns verkraftete alle diese aufwendigen Maßnahmen[27], die ein anderes Unternehmen hätten gefährden können.

2.6 Innovationen

Erhebliche Risiken für die wirtschaftliche Existenz eines Unternehmens können sich aus Innovationen ergeben. Im Jahre 1987 übernahm ich einen Sanierungsauftrag für ein im Jahre 1897 gegründetes Unternehmen der Autozulieferungsindustrie. Erhebliche Ergebniseinbrüche waren durch die Finanzierung von Innovationen eingetreten. Bei einer Gesamtunternehmensleistung von 70 bis 80 Mio. DM betrugen die Investitionen zur Entwicklung von Folienschaltern ca. 20 Mio. DM. Die Innovation war nicht mit Eigenkapital oder eigenkapitalähnlichen Mitteln, sondern mit Bankkrediten finanziert worden. Die Zinsuhr begann zu laufen. Die Innovationsprodukte konnten sich am Markt nicht durchsetzen. Anstelle von erwarteten Erträgen entstanden nur Schuldzinsen.

Erfahrungen mit der Gefährlichkeit dieser Kriesenursache machten nicht nur kleine und mittlere Unternehmen. Auch Großunternehmen haben mit Millionen-und Milliardenausgaben neue Produkte entwickelt und in den Markt gegeben, deren Herstellung jedoch wegen ungenügenden Absatzes aufgegeben werden mußte[28]. Paradebeispiel sind die Entwicklungen der Personenkraftwagen Edsel und Cardinal der Fordwerke. Fords Edsel war die teuerste Entwicklung in der Geschichte des Autos[29].

Ca. 3 Millionen Interessenten besichtigten das Auto, aber nur 100 000 kauften es[30]. Für LEE IACOCCA war Fords Edsel ein Synonym für Verlust[31]. Noch Jahre nach dem Erscheinen von Fords Edsel auf dem Markt war die Ford-Company „*still reeling from the Edsel fiasco*", wie IACOCCA wörtlich in seiner Autobiographie ausführt[32].

Diese sich aus dem Innovationsbereich für die Ford-Werke ergebende Gefährdung erhöhte sich, als HENRY FORD im Anschluß an den PKW Edsel den PKW Cardinal entwickeln lassen wollte[33]. Unter den Mitarbeitern des Fordwerkes bestand Einigkeit darüber, daß dieser neue PKW ebenfalls ein Mißerfolg werden würde, was ihm selbst, HENRY FORD, nicht klar war. LEE IACOCCA stellte gegenüber HENRY FORD dar, daß ein solcher neuer Innovationsmißerfolg die Ford-Company in die Knie zwingen werde. Besser als durch diese Bemerkung von LEE IACOCCA kann die Gefährlichkeit einer Krisenursache aus dem Innovationsbereich nicht dargestellt werden. Auch die Existenz von Großunternehmen kann mithin durch fehlgegangene Innovationen gefährdet werden. Auf weitere fehlgegangene Innovationen, die mit erheblichem Aufwand entwickelt und vom Markt nicht angenommen wurden, wie das synthetische Corfam-Leder von DuPont, die Video-Spiele von RCA, den PC jr. Home Computer von IBM, das neue Coca-Cola-Getränk, darf hingewiesen werden[34].

2.7 Überhöhte Investitionen

Immer wieder festgestellte Ursachen für eine Unternehmensgefährdung sind überhöhte Investitionen. Vor allem in der Bau-Industrie mußte ich in mehreren Verfahren erkennen, daß oft auf Veranlassung von Financiers zu hohe Investitionen getätigt wurden. Wertvolles Baugerät, wie z. B. Bagger, die einen Anschaffungspreis von mehreren 100 000,– DM hatten, verrosteten bereits mit 40 Arbeitsstunden. Jegliche Kapitalverzinsung war hierdurch von vorneherein ausgeschlossen. Die Mühe mit Investitionskalkulationen (ROI) hatte man sich gar nicht erst gemacht.

2.8 Warenlagerverluste

Krisenursachen können auch durch zu hohe Lagerbestände hervorgerufen werden. Diese müssen finanziert werden, wodurch erhebliche, vermeidbare Zinsaufwendungen zu Lasten des Unternehmensergebnisses entstehen. Das gleiche gilt für später notwendig werdende Wertberichtigungen. Mehrfach konnte ich in Sanierungsverfahren feststellen, und zwar etwa in der Toilettenartikelbranche oder bei Elektrogeräten, daß während einer längeren Lagerzeit schon Verpackungsänderungen des Produzenten die vorhandene Ware verkehrsunfähig machten.

Erinnert werden darf an den finanziellen Zusammenbruch des vornehmsten und berühmtesten Juweliergeschäfts Frankreichs, der Gebrüder

CHAUMET, im Jahre 1987 in Paris. Der Gründer dieses Hauses machte Geschichte, als er die Kronen für NAPOLEON BONAPARTE und seine Ehefrau JOSÉPHINE lieferte. In den 70er Jahren, zur Zeit der Hausse in Diamanten, Gold und Platin, hatte die Firma Chaumet ihre Lager über Bedarf gefüllt. In der folgenden Rezession fielen die Preise in unerwartetem Ausmaß (1981-1982). Negative Cash Flows entstanden durch die in den hohen Lagerbeständen gebundenen finanziellen Mittel. Diese mußten mit geliehenem Geld finanziert werden, wodurch sich ein weiterer negativer Cash Flow durch die aufzubringenden Zinsen ergab. Der Zusammenbruch des Unternehmens blieb unvermeidlich[35].

2.9 Falscher Einkauf

Oft wird eingekauft, ohne die Zahl der Anbieter durch Einholung verschiedener Angebote auszunutzen. Trotz mehrfacher Anbieter haben manche Konzerne geradezu Monopollieferanten. Diese Handhabung verstößt gegen den Grundsatz, was am Einkauf gespart wird, braucht später nicht verdient zu werden.

2.10 Mögliche äußere Krisenursachen

Äußere Krisenursachen können sich ergeben **aus Veränderungen der Kapital- und Warenmärkte,** in die ein krisenbelastetes Unternehmen eingebunden ist. Auf die Bedeutung der ausschließlich an den Kapitalmärkten gemachten Wechselkurse darf hingewiesen werden. Die ständig sich verändernden Wechselkurse bedingen eine Anfälligkeit des Auftragsbestandes und des Absatzes. Gerade Unternehmen mit einem hohen Exportanteil an der Unternehmensgesamtleistung müssen hierauf ständig Bedacht nehmen. Bei Sanierungsverfahren ist auf derartige Umstände ein besonderes Augenmerk zu richten, da sie sehr schnell, je nach Höhe der Wechselkursänderungen, eine Sanierung gefährden können. Von Bedeutung ist die Veränderung der Wechselkurse auch für solche Unternehmen, die selbst weltweit durch Niederlassungen in anderen Ländern tätig sind. Die Ergebnisse der Auslandsgesellschaften werden in der jeweiligen Landeswährung errechnet und finden nach Umrechnungen in die deutsche Währung Eingang in die deutsche Ertragsrechnung, womit auch insoweit Ertragserwartungen in Sanierungsverfahren von den nicht zu beeinflussenden Wechselkursen abhängig sind.

Krisenursachen können sich ferner **aus Branchen- und Strukturveränderungen** entwickeln. Auf die unterschiedlichen Entwicklungen in der Stahl- und Gußindustrie sowie der Textilindustrie und dem Ölsektor in den letzten Jahren darf hingewiesen werden. Krisenursachen können sich aus der Geldpolitik einzelner Staaten ergeben, ebenso wie aus Devisenbeschränkungen. In dem Konkursverfahren über das Vermögen der Wibau AG in Rothenbergen-Gründau bei Gelnhausen, in dem ich Konkursverwalter bin, fand ich für die Lieferung von Asphaltanlagen Ansprüche gegen Syrien in Höhe von ca. 40 Mio. DM vor. Wegen der bestehenden syrischen Devisenbeschränkungen sind hierauf nur Zahlungen in kleinem Umfang möglich. Das gleiche gilt für Einfuhrbeschränkungen und protektionistische Maßnahmen (Spaghetti-Konflikt EG – USA wegen Ausfuhrsubventionen; Abschottung europäischer Märkte gegen hormonbehandeltes Fleisch – dagegen US-Strafzölle). Von besonderer Bedeutung im Vergleichsverfahren der AEG waren die von den USA verhängten Zoll- und Handelsschranken gegen die Lieferung von Röhren und Turbinen an die UdSSR. Bei Verstoß gegen diese Handelsschranken riskierte die AEG die Gefährdung ihrer Schutzrechte, Patente und Lizenzen im Ausland. Schaden für die AEG wurde deshalb vermieden, weil das Embargo gerade noch rechtzeitig aufgehoben wurde. Weitere Krisenursachen können aus staatlichen Maßnahmen, wie Steuer- oder Postgebührenerhöhungen entstehen. So führte die Erhöhung der Sektsteuer – 1902 zur Finanzierung der kaiserlichen Kriegsflotte eingeführt – zu einer Stagnation des Sektmarktes. Eine Erhöhung der Postgebühren belastete den Versandbuchhandel. Ebenso zu beachten sind konjunkturelle Einbrüche. So hatte die Konjunkturverschlechterung in der Bauindustrie Auswirkungen auf nachgeordnete Industrien, wie die Lackindustrie (Umsatzrückgang 6–7%), den Schnittholzabsatz, den Möbelabsatz (Umsatzrückgang ca. 5%) und die Keramikplattenindustrie (Villeroy & Boch, Umsatzrückgang ca. 7%)[36]. Die gesamte Baustoffindustrie hatte in den Jahren 1980–1985 einen Umsatzrückgang von 41% zu verzeichnen bei einem Verlust von ca. 40 000 Arbeitsplätzen. Eine besonders schwerwiegende Krisenursache war die Energiekrise vor einigen Jahren. Mit dieser Ursache war ich in dem Konkursverfahren über das Vermögen der Firma Haas & Sohn in Sinn/Dillkreis konfrontiert. Das Unternehmen stellte Ölöfen her, die nach Eintritt der Ölkrise nicht mehr gefragt waren. Die Nachfrage bezog sich nur noch auf Holz- und Kohleöfen. Das Unternehmen geriet in Konkurs. Durch Produktkorrekturen (wie Holz- und Kohle-Nostalgieöfen) und andere Maßnahmen konnte es saniert und auf einen neuen Träger übertragen werden.

Krisenursachen können sich selbst **aus volkswirtschaftlichen Veränderungen** ergeben, wie z. B. die Änderung des Sparverhaltens der japanischen Jugend zeigt. Die heutige japanische Jugend ist nicht mehr mit einer Verzinsung ihrer Einlagen von 1–2% durch die japanischen Banken einverstanden, wobei dieses Geld früher mit entsprechend niedrigen Zinsen durch die Banken an die japanische Industrie weiterverliehen wurde, eine Art versteckter Subvention. Auch die Verwaltung des Geldes durch die Frau, wie es lange Zeit üblich war, lehnen die jungen Japaner heute ab. Sie begehren eine ordnungsgemäße Verzinsung ihres bei den Banken angelegten Geldes. Auch geben sie jetzt mehr für ihren persönlichen Konsum aus (Urlaub, modische Kleidung, Spekulationen an der Börse). Nach Meinung des Asian Wallstreet Journal hat diese Verhaltensveränderung für die japanische Wirtschaft mehr Bedeutung als etwa die Forderung eines US Präsidenten auf Herabsetzung des Yen-Kurses[37]. Ähnliche Erscheinungen zeigen sich derzeit in Beijing[38].

Achten sollte man auch auf die vielfältigen Krisenursachen, die sich **aus internationalen Geschäftsbeziehungen** ergeben können. Jeder Außenstand ist durch ein Akkreditiv abzusichern, wobei die Produktion erst bei Vorliegen des Akkreditivs beginnen sollte. In dem Konkursverfahren Wibau fand ich zahlreiche, bereits produzierte Maschinen auf dem Fabrikhof vor. Man wartete noch auf Akkreditive. Kamen diese nicht, standen die schon produzierten Maschinen herum und waren, etwa wegen Kundensonderwünschen kaum zu veräußern. Vorsicht ist ebenso angebracht beim Abschluß von Joint-Venture-Verträgen. Schlechte Erfahrungen mit entsprechenden Verlusten mußte ich mit Joint-Venture-Verträgen in China und Jugoslawien machen. Während mit China die ständige gegenseitige Information nur sehr schwer aufrechtzuerhalten war, produzierte ein Kooperationspartner in Jugoslawien auch nach Beendigung des Vertrages weiter. Er wurde auf einem für die Wibau „historischen" Markt Konkurrent, der nur sehr schwer zurückzugewinnen war. Auch der Außenhandel mit der UdSSR ist schwieriger geworden. Während früher für Lieferungen von Maschinen die von mir abgeschlossenen Verträge reibungslos erfüllt wurden, wird derzeit der Abschluß und die Durchführung von Verträgen von der Vereinbarung von Joint-Venture-Verträgen und Mengenrabatten abhängig gemacht. Circa 100 Joint-Venture-Verträge sollen insgesamt schon abgeschlossen worden sein[39]. Es bleibt zu hoffen, daß sich Glasnost und Perestroika weiterhin positiv entwickeln werden und diese Verträge schadlos durchgeführt werden können. MICHAIL GORBATSCHOW will die Planwirtschaft nicht aufgeben und ihre Vorteile nutzen[40]. Diese Ansicht dürfte einen reibungslosen Güteraustausch nicht gerade fördern. Diese Ausführungen GORBATSCHOWS erinnern mich an die Worte von WILLI LINDER: *„Die Planwirtschaften laborierten – wie eh und je an der Reformpolitik: Lösung alter Probleme mit alten Instrumenten. Kein planwirtschaftliches Land hat den Durchbruch zu neuen ordnungspolitischen Ufern geschafft."*[41] HENRY A. KISSINGER gab seinem letzten Artikel[42] die Überschrift: „Die Stimmung war düster, Gorbatschow nachdenklicher als beim letzten Mal." Auch LENIN hatte nach dem Frieden von Brest-Litowsk als nächste Aufgaben der Sowjetmacht die Notwendigkeit wirtschaftlicher Rechnungsführung, die Erhöhung der Arbeitsproduktivität, die Einführung von Akkord- und Leistungslöhnen und die Schaffung einer verstärkten Autorität der Betriebsdirektoren gefordert. Es war ihm gelungen, nach dem Bürgerkrieg den jungen Staat zur „Neuen ökonomischen Politik NEP" zu führen[43]. Auch seine Bemühungen waren nicht von langer Dauer. Alles das sollte man bei der Einschätzung von Krisenursachen aus internationalen Geschäftstätigkeiten bedenken.

Abschließend soll noch auf die allfälligen Verluste der Banken für

Kredithingaben an die **Dritte Welt** hingewiesen werden. Engagements in der Dritten Welt waren mitverantwortlich für die hohen Verluste der Bank of America, der Continental of Illinois, der Texas Commerce, der Interfirst Corporation Dallas, der Republic Bank Corporation, der Bank Texas Group und der First City Bank Corporation, wobei allerdings noch Verluste aus dem Ölsektor und sonstigen faulen Inlandskrediten hinzukamen. Riesenrückstellungen erfolgten bei der Citycorp. Ein Quartalsverlust von 2,5 Mia. US$ im ersten Quartal 1987 und ein Jahresdefizit von 1 Mia. US$ wurden für das Jahr 1987 prognostiziert. Sie war die erste Bank, die diesem Risiko ins Auge blickte und ihre Rückstellungen drastisch erhöhte[44]. Gerade die US-Banken waren durch die Ausleihungen an die Dritte Welt besonders gefährdet. Die amerikanischen Bankgesetze bestimmen, daß ein Kredit, dessen Zinsen mehr als 90 Tage überfällig sind, in Verzug geraten ist und damit Abschreibungen vorgenommen werden müssen. FRITZ LEUTWILER, der wie kein anderer mit dieser Problematik vertraut ist, hält die amerikanischen Banken heute verwundbarer denn je, wenn er auch ausschließt, daß es bei einem Zahlungsverzug durch ein Schuldnerland zu einem großen Krach kommen kann. Es hilft diesen Banken auch nichts, daß etwa Notenbanken und mehrere offizielle Stellen glücklich waren, als die international tätigen Banken das Recycling der Ölgelder nach dem ersten Ölpreisstop elegant bewältigt hatten, und die riesigen Summen aus den Opec-Staaten und deren Währungsinstituten entgegennahmen und in die Länder weiterleiteten, in denen das Geld gebraucht wurde[45]. Gleichwohl ist die Ausleihe an Drittländer und ihre Folgen ein eklatantes Beispiel für Ursachen, die selbst Banken in eine Krise stürzen können.

3. Einleitung der Sanierung

Ergeben sich Anzeichen einer Unternehmenskrise, so ist ohne jede zeitliche Verzögerung mit der Analyse des Zustandes des Unternehmens zu beginnen. Die Entwicklung eines notleidenden Unternehmens ist genau zu analysieren. Es ist zu ermitteln, auf welchen nachteiligen Faktoren die Unternehmenskrise beruht. Diese sind zu erkennen und auszuschalten.

Leider werden Unternehmenssanierungen in vielen Fällen zu spät begonnen. Das Ausmaß der Unternehmensgefährdung wird von den für ein Unternehmen Verantwortlichen oft nicht hinreichend erkannt. Fehlentwicklungen werden nur als vorübergehende Störungen angesehen. Diese Abneigung, Unternehmenskrisen einzugestehen, wird durch ein gefährliches Prestigedenken unterstützt. Oft wird unnötige Zeit dadurch vertan, daß längere Zeit in unzulänglicher Weise Symptome kuriert werden, anstatt die eigentlichen Ursachen der Unternehmenskrise zu erkennen und zu beseitigen.

Nach den Ursachen der Unternehmenskrise und ihrer Intensität sind die notwendigen Maßnahmen zu bestimmen.

So kann es Unternehmenskrisen geben, für deren Beilegung rein finanzwirtschaftliche Sanierungsmaßnahmen ausreichend sind. Bei noch nicht so schwerwiegenden wirtschaftlichen und finanziellen Krisen stehen Unternehmensleitungen erfahrungsgemäß noch hinreichende Handlungsmöglichkeiten zur Verfügung. So kann bei vorübergehenden, einfachen Schwierigkeiten bereits eine kurz-, mittel- oder langfristige Kreditaufnahme hinreichend sein, mag diese das Betriebskapital nur vorübergehend oder auch für eine längere Zeit verstärken. Auch durch die Zuführung neuer finanzieller Mittel kann eine bloß finanzielle Krise behoben werden. Bei Einzelunternehmen und Personengesellschaften können Einlagen erfolgen. Kapitalgesellschaften können Kapitalerhöhungen durchführen. Drohende Überschuldungen können auf gesellschaftsrechtlicher Grundlage durch vereinfachte Kapitalherabsetzungen oder Kapitalherabsetzungen in Verbindung mit Kapitalerhöhungen verhindert werden.

Nur in relativ seltenen Fällen reichen derartige Maßnahmen aus, um eine Unternehmenskrise nachhaltig zu beheben. In der Regel genügt es nicht, derartige finanzielle Symptome zu beseitigen. Vielmehr bestehen bei Unternehmen in kritischen Situationen nicht nur vorübergehende finanzielle Probleme. Auch in anderen Bereichen des Unternehmens existierende Krisenursachen sind zu erkennen und zu beseitigen. Nur auf solche komplexen Sanierungsvorgänge beziehen sich vornehmlich diese Ausführungen, zumal die Beseitigung nur vorübergehender finanzieller Probleme keiner besonderen Verfahren bedarf, sondern Teil der üblichen Aufgaben eines Managements ist.

Von besonderer Bedeutung ist vielmehr, ob für eine Sanierung ein außergewöhnliches oder ein gerichtliches Verfahren ausgewählt werden soll.

4. Außergerichtliche Sanierungen

Bei meiner langjährigen Sanierungstätigkeit zeigte sich, daß für die Bewältigung von Unternehmenskrisen nicht immer ein gerichtliches Verfahren erforderlich ist. Im Gegenteil ist ein außergerichtliches Verfahren einem gerichtlichen Verfahren vorzuziehen, wenn mit den an ihm Beteiligten deren Erwartungen und notwendige Beiträge abgestimmt und der Ablauf des außergerichtlichen Sanierungsverfahrens vereinbart werden können.

So konnte ich in einem außergerichtlichen Sanierungsverfahren bereits Mitte der 70er Jahre das bereits erwähnte Baudekorationsunternehmen (Umsatz damals ca. 10 Mio. DM, ca. 300 Arbeitsplätze) erhalten. Nach Liquidation des verlustreichen Schwesterunternehmens, dessen unbeschränkte finanzielle Stützung durch das Baudekorationsunternehmen in dessen Bilanzposition „Ansprüche an verbundene Unternehmen" dokumentiert war, konnte sich das Baudekorationsunternehmen wieder wirtschaftlich erholen. Noch heute zählt dieses Unternehmen zu den angesehensten Fachunternehmen.

Ebenfalls außergerichtlich konnte ich die im Jahre 1897 gegründete Firma Schoeller & Co., ein Unternehmen der Elektromechanik, im Einvernehmen mit allen Beteiligten sanieren (Produktionsunternehmen; Umsatz 70–80 Mio. DM). Die durch die bereits erwähnte Innovation auf dem Folienschalterbereich eingetretene Unternehmenskrise konnte in einem außergerichtlichen Vergleich durch einen Nachlaß der Gläubiger auf ihre Forderungen in Höhe von 50% ohne Rücksicht auf vorhandene Sicherungsrechte behoben werden. Nach dem 50% Nachlaß fand sich ein Anlegerkonsortium bereit, notwendiges neues Kapital dem Unternehmen zuzuführen, indem das inzwischen verbrauchte Gesellschaftskapital des Unternehmens, nach Erwerb der Gesellschaftsanteile für 1,– DM von dem früheren Gesellschafter, erneut eingezahlt wurde. Nach Durchführung weiterer notwendiger Sanierungsmaßnahmen, wie erhebliche Personalreduktionen, wurden die Geschäftsanteile inzwischen durch die Firma Busch-Jaeger Elektro GmbH, eine Tochtergesellschaft der BBC Brown Boveri Aktiengesellschaft, Mannheim, erworben. Das Unternehmen ist nun wieder ertragsreich tätig.

Ebenfalls in einem außergerichtlichen Sanierungsverfahren bin ich derzeit bei der Pieroth-Gruppe tätig (Umsatz ca. 500 Mio. DM; 3000 Arbeitnehmer). Dieses Unternehmen wurde vor ca. 300 Jahren gegründet. Seit dem Jahr 1956 entwickelte es sich zum größten Wein-Direktvertriebsunternehmen der Welt. 1985 geriet es durch den Glykolskandal in eine überlebenskritische Situation. Die entstandenen Probleme versuchte man durch den Verkauf des Unternehmens oder die Aufnahme eines Teilhabers zu lösen. Verhandlungen mit zahlreichen Interessenten gingen fehl. Gesellschafter und Management waren monatelang fast ausschließlich mit derartigen Versuchen beschäftigt, wodurch wertvolle Zeit verlorenging. Schließlich wurden sowohl ein Antrag auf Eröffnung eines gerichtlichen Vergleichsverfahrens als auch ein Antrag auf Eröffnung des Konkursverfahrens vorbereitet. Als ich in dieser Situation von einer Bankengruppe gebeten wurde, die wirtschaftliche Lage der Pieroth-Gruppe zu ermitteln, ergab sich, daß das nach schweren Verlusten noch verbliebene Eigenkapital in Verbindung mit einem vorhandenen hohen, echten Verlustvortrag eine Sanierung des Unternehmens bei Durchführung nachhaltiger Sparmaßnahmen nahelegte. Das dann entwickelte Sanierungskonzept führte zur Wiederherstellung der Ertragsfähigkeit des Unternehmens. Durch verantwortungsbewußte Verwendung des Cash Flows (Rückführung von Fremdverbindlichkeiten und nur Tätigung unvermeidbarer Investitionen) gelang es, die Bankverbindlichkeiten um mehr als die Hälfte zurückzuführen. Erhebliche Sparmaßnahmen wurden durchgeführt. Bereits in den Geschäftsjahren 1987 und 1988 ergaben sich wieder operative Gewinne. Heute ist das Unternehmen wieder in zwölf Ländern in vier Erdteilen tätig. Etwas über 50% des Gesamtumsatzes von ca. 500 Mio. DM entfallen auf die Tätigkeiten im Ausland, und zwar auf Niederlassungen bzw. Tochtergesellschaften in Australien, Belgien, Brasilien, Dänemark, Frankreich,

Großbritannien, Hongkong, Italien, Japan, Österreich, Schweiz und USA. Der Rest des Umsatzes konnte im Inland nach Wiederherstellung des Vertrauens nach der Glykolkrise erarbeitet werden.

Die Beispiele für außergerichtliche Sanierungen, auch in anderen Ländern als in Deutschland, insbesondere von Niederlassungs- und Tochterunternehmen, die von mir betreuten Unternehmen gehören, ließen sich beliebig fortsetzen. Die dargestellten außergerichtlichen Sanierungen dürften jedoch bereits hinreichend sein, um die Entbehrlichkeit gerichtlicher Sanierungsverfahren zu belegen.

Zahlreiche Argumente, die für eine Bevorzugung der außergerichtlichen Sanierung sprechen, ergeben sich heute fast unerschöpflich aus den fast unzähligen Diskussionen, die sich in nahezu allen Rechtsordnungen mit der Unvereinbarkeit der bestehenden Insolvenzgesetze mit den Anforderungen des modernen Wirtschaftslebens befassen. Diese Einwände können bei der Vereinbarung der Voraussetzung eines außergerichtlichen Sanierungsverfahrens bereits Berücksichtigung finden und auch schon praktisch erprobt werden. Im deutschen Rechtsraum immer wieder zitiert werden die Äußerungen des Kommentators der Konkursordnung, ERNST JÄGER, bereits auf dem Ersten Internationalen Kongress in Wien im Jahre 1930. ERNST JÄGER forderte schon damals eine Neuordnung des Konkurs- und Vergleichsrechtes[47]. FRIEDRICH LENT bezeichnet den Konkurs als Wertvernichter „*schlimmster Art*"[48]. Bei der Einsetzung der Kommission für Insolvenzrecht Anfang 1987 wies der damalige Minister der Justiz Dr. HANS-JOCHEN VOGEL darauf hin, daß „*die wichtigen Funktionen, die Konkurs und Vergleich bei der Bereinigung eines finanziellen Zusammenbruchs erfüllen sollen und heute kaum noch erfüllen können, in unserer modernen hochentwickelten Industriegesellschaft nicht mehr die gleichen wie vor hundert Jahren sind, als an der Schwelle der Industriegesellschaft die geltende Konkursordnung entstanden ist*"[49]. Die Vereinigten Staaten gestalteten das Insolvenzrecht im Jahre 1987 umfaßend neu. Auch das dort vorher geltende Insolvenzrecht war eine Schöpfung der Rechtspraxis des 19. Jahrhunderts, insbesondere bezüglich der Sanierung von Großunternehmen. Diese Erkenntnis fand 1934 Aufnahme in das Bundeskonkursgesetz. Im Jahr 1938 erfolgte bereits eine Gesamtrevision des Konkursrechtes, die jedoch die neue Reform im Jahre 1987 nicht entbehrlich machte[50]. Auch Japan sah sich veranlaßt, 1952 ein neues Gesetz zur Gesellschaftssanierung zu erlassen. Ebenso werden in Europa die überkommenen Insolvenzgesetze als reformbedürftig angesehen. In Frankreich erfolgte eine grundlegende Neuordnung im Jahre 1967. Neue Gesetze wurden in Italien im Jahre 1979 und in Österreich im Jahre 1982 beschlossen. Dänemark ersetzte die bis dahin geltende Konkursordnung im Jahre 1977. Das norwegische Parlament beschloß ein neues Insolvenzgesetz im Jahre 1985. In Großbritannien (Kommission unter Vorsitz von SIR KENNETH CORK mit Vorschlägen im Jahre 1982) wurde das Insolvenzrecht durch den *Insolvency Act* 1986 grundlegend umgestaltet[51]. Reformbestrebungen in Spanien (Veröffentlichung eines Gesetzentwurfes im Jahre 1983) und in der Schweiz (Expertenkommision, eingesetzt im Jahre 1976) konnten noch nicht zum Abschluß gebracht werden. Wann die deutschen Reformbestrebungen mit einem Gesetz abgeschlossen werden, läßt sich derzeit mit Sicherheit noch nicht feststellen.

In Anbetracht dieses Umfanges sorgfältig erwogener Einwände gegen das frühere, jetzt in Deutschland noch geltende Insolvenzrecht, ist es mit dem Beratungsrisiko kaum noch zu vereinbaren, der außergerichtlichen Sanierung nicht den absoluten Vorrang einzuräumen.

Für die Bevorzugung außergerichtlicher Sanierungsverfahren sprechen außerdem die mit einem gerichtlichen Ordnungsverfahren notwendig verbundenen formellen Erschwernisse. Schon die mit einem derartigen Verfahren verbundenen Fristenregelungen sind mit den Erfordernissen eines modernen Wirtschaftslebens kaum noch zu vereinbaren. Bereits die Großinsolvenz des Bankhauses I. D. Herstatt KG aA in Köln (Aktenzeichen Amtsgericht Köln 171 VN 12/74) sprengt die unzulänglichen Normen der Vergleichsordnung. Diese blieb restlos auf der Strecke. Sie war überfordert und nicht praktikabel[52]. So darf an die sogenannte Nachholungsfrist des §10 der deutschen Vergleichsordnung erinnert werden. Für die Nachholung von mit dem Vergleichsantrag vorzulegenden Unterlagen kann gemäß dieser Vorschrift dem Vergleichsschuldner eine Frist von zwei Wochen gesetzt werden. *„Betrifft das Vergleichsverfahren ein Unternehmen von erheblichem Umfang oder liegen andere besondere Gründe vor, so darf sie länger, jedoch nicht mehr als vier Wochen bemessen werden."* Diese Vorschrift wurde früher einhellig als zwingendes Recht angesehen[53]. Der Konkursrichter im Herstatt-Verfahren, Prof. Dr. UHLENBRUCK, erließ unter Bezugnahme auf inzwischen geänderte Meinungen in der Literatur am 3. September 1974 einen Beschluß, wonach dieser Bestimmung eine zwingende Bedeutung nicht mehr zukommen kann. Im AEG-Vergleichsverfahren wurde dieser Bestimmung auf seiten des Gerichtes wegen des Verfahrensumfanges keine Bedeutung mehr beigemessen. Das gleiche gilt für § 20 Abs. 2 der Vergleichsordnung, wonach nach Eröffnung des Vergleichsverfahrens der Vergleichstermin nicht über einen Monat hinaus anzuberaumen ist. Auch diese Vorschrift kann bei den heutigen wirtschaftlichen Gegebenheiten in einem Großverfahren keine Anwendung mehr finden. Es ist ausgeschlossen, bei Großverfahren nach Verfahrenseröffnung binnen eines Monats einen Vergleichstermin vorzubereiten. Das AEG-Vergleichsverfahren wurde am 1. 12. 1982 eröffnet. Der Vergleichstermin wurde auf den 12. 3. 1983 festgesetzt. Auch sonstige gesetzliche Vorschriften bringen vermeidbare Schwerfälligkeiten eines Sanierungsverfahrens mit sich. Zahlreiche Fragen müssen durch Beschlußgremien, die nur bei Einhaltung einer geräumigen Ladungsfrist zusammentreten können, entschieden werden. Dem Gericht obliegt eine Aufsichtspflicht, die Verantwortung mit sich bringt. Verständlich ist, wenn das

Gericht, das bei der eigentlichen Verfahrensabwicklung nicht zugegen ist, nicht bereit ist, diese Verantwortung in jeder notwendigen Beziehung zu tragen.

Schließlich ist ein außergerichtliches Vergleichsverfahren deshalb vorzuziehen, weil es den Ruf eines Unternehmens aus Anlaß eines Sanierungsverfahrens erfahrungsgemäß weniger belastet als ein gerichtliches Verfahren. Allein die zahlreichen, in gerichtlichen Verfahren notwendigen, sich ständig wiederholenden Veröffentlichungen sind einer Sanierung nicht zuträglich.

Bei der Durchführung eines außergerichtlichen Sanierungsverfahrens sind nach meinen mehrjährigen Erfahrungen unbedingt nachstehende Erkenntnisse zu beachten:

Keine unnötigen zeitlichen Verzögerungen

Gerade in dem Sanierungsverfahren Pieroth hat sich sehr deutlich gezeigt, wie gefährlich es ist, Krisenursachen beseitigende Maßnahmen nicht umgehend nach der Krisenerkennung zu beginnen. Man hatte vor der Übernahme des Sanierungsauftrages durch mich über Monate hinweg versucht, die Unternehmenskrise durch Verkauf der Gesellschaftsanteile bzw. die Aufnahme eines Teilhabers zu lösen. Statt dessen hätte man umgehend in diesem Fall mit der Erarbeitung eines Sanierungskonzeptes beginnen müssen, das darauf gerichtet war, das Unternehmen aus sich selbst heraus wieder in die Ertragszone zu führen, was sich später auch als möglich erwies. Statt dessen führte man Übernahme- bzw. Beteiligungsverhandlungen, die ausnahmslos scheiterten. Immer wieder verliefen den finanzierenden Banken mitgeteilte Termine für den angeblichen Abschluß entsprechender vertraglicher Vereinbarungen erfolglos, was die Banken immer mehr beunruhigte. Man ließ es bis zur Vorbereitung von Vergleichs- und Konkursanträgen kommen. Die Banken lehnten weitere Kreditanträge ab. Geradezu in letzter Minute konnte ein Sanierungskonzept erarbeitet und vereinbart werden, dem das Unternehmen heute noch einen reibungslosen, ertragsfähigen Ablauf verdankt. Den vielen Ausführungen in der einschlägigen Literatur, in keinem Fall nach Erkennen einer Unternehmenskrise vermeidbare Sanierungsverzögerungen eintreten lassen, kann nur beigepflichtet werden[54]. Sie sollten wirklich von allen für ein Unternehmen Verantwortlichen zur Kenntnis genommen werden. Es sollte immer erst versucht werden, ein Unternehmen aus eigener Kraft zu sanieren. Gehen Übernahme- bzw. Beteiligungsgespräche schief, nachdem mit ihnen erhebliche Zeit vertan wurde, kann es für jede, an die Krisenursache gehende Sanierung, die oft ebenfalls viel Zeitaufwand benötigt, zu spät sein. Außerdem kann es für eine Kaufpreisfindung oder die für eine Beteiligung zu zahlende Einlage nur von Vorteil sein, wenn sie zu einem Zeitpunkt ermittelt werden, in dem ein Unternehmen nach seiner Sanierung aus sich heraus wieder ertragsfähig wurde.

Genaue Kenntniss möglicher Sanierungspartner

Sollte es gleichwohl in einem Sanierungsverfahren zu ernsthaften Verhandlungen mit Interessenten für eine Übernahme oder Beteiligung kommen, ohne die gleichzeitige, an die Krisenursache gehende Sanierung zu vernachlässigen, müssen diese Interessenten einige notwendige Voraussetzungen selbst verwirklichen. Zunächst ist es notwendig, daß der Interessent selbst einen hinreichenden Umsatz eigener unternehmerischer Tätigkeit vorweisen kann. Nach meinen Erfahrungen übernimmt sich ein Interessent selbst, wenn er nicht einen Umsatz dartun kann, der mindestens doppelt so hoch ist als der durch eine Übernahme oder Beteiligung anteilig zu übernehmende weitere Umsatz. Ich habe schon Krisen angetroffen, die auf solche, für einen Unternehmer zu hohe, hinzuerworbene Umsätze zurückzuführen waren.

Es ist außerdem darauf zu achten, ob ein in Rede stehender Interessent, insbesondere für eine Beteiligung, unternehmerische Interessen oder nur Anlageinteressen hat. Nachhaltige und konstruktive Mitarbeit kann man nur von einem Interessenten erwarten, der eigene unternehmerische Interessen an der Erhaltung des Krisenunternehmens hat, etwa als Zulieferant, Kunde oder aus Diversifikationsgründen. Ein nur an einer Kapitalanlage interessierter Beteiligungsinteressent wird seine Anlage sofort veräußern, wenn ihm ein seinen Vorstellungen entsprechendes Agio geboten wird. In einem Sanierungsfall, in dem ich diese Notwendigkeit nicht berücksichtigte, wäre es fast zu einer neuen Unternehmenskrise gekommen, als einer von mehreren an einem Konsortium beteiligten Anlegern plötzlich seine Anteile veräußerte. Diese Anteile waren wertmäßig die höchsten. Auch die übrigen Beteiligten wurden zum Verkauf bestimmt. Vor derartigen Überraschungen ist eine Sanierung abzusichern.

Keine Änderung des Firmennamens

Möglichst ist in einem Sanierungsverfahren eine Firmenänderung zu vermeiden. Der Ruf eines Unternehmens im Markt ist üblicherweise noch so stark, daß er geradezu ein wesentliches *Asset* darstellt. In fast allen Sanierungsfällen machte ich die Erfahrung, daß auch bei noch so gefährdeten Unternehmen ein großes Vertrauen in das Produkt und die Marke bestand, was ich gerade jetzt wieder im Minox-Verfahren feststellen konnte. Markennamen können so stark sein, daß sie sogar zu Produktbezeichnungen werden. So stellte vor langen Jahren eine Firma Pertrix Batterien und eine Firma Raiser Asphaltkocher her, die heute nicht mehr angeboten werden. In Prag konnte ich noch vor kurzer Zeit erleben, daß beide Marken so stark waren, daß man sie heute sogar als Produktbezeichnungen für Produkte anderer Hersteller weiter verwendet. In einem Elektroladen verlangte ein Kunde eine Pertrix und wollte eigentlich schlicht eine Batterie, welchen Produktes auch immer, erwerben. Ebenso war ich zugegen, als ein

Interessent bei dem Kauf eines Asphaltkochers diesen ohne Rücksicht auf die angebotenen Marken als Raiser bezeichnete. In vielen Verfahren gelang es allein wegen der Bedeutung des Firmennamens, seines Ansehens und seiner Geschichte ein außergerichtliches Sanierungsverfahren zu vereinbaren, mit den Beteiligten abzustimmen und durchzuführen. Im übrigen scheint mir die Änderung des Namens eines Unternehmens in einem Sanierungsverfahren rechtlich bedenklich. Es kann der Eindruck entstehen, als wollte man vorgeben, unter dem neuen Firmennamen verberge sich ein anderes als das frühere als notleidend erkannte Unternehmen.

Kapitalauflösungen nach Möglichkeit vermeiden

Als Sanierungsmaßnahmen, insbesondere zur Verbesserung der Liquidität, werden immer wieder Kapitalauflösungen, Bilanzverkürzungen durch Verkauf nicht betriebsnotwendiger Vermögenswerte angeregt[55]. Das ist zwar grundsätzlich richtig, wenn auch eine einmalige Aufbesserung der Liquidität durch Kapitalauflösungen nachhaltig kaum Wirkungen zeigt. Gleichwohl vermeide ich möglichst derartige Kapitalauflösungen bei Sanierungen. Entscheidend kommt es nach meinen Erfahrungen auf den Eindruck an, den derartige Verkäufe bei Außenstehenden hinterlassen. Ich habe mehrfach erlebt, daß derartige Maßnahmen den Eindruck hervorrufen, als sei das zu sanierende Unternehmen schon so heruntergekommen, daß es nun auch letzte Reserven veräußern müßte. Besonders gefährlich ist es, wenn derartige Einschätzungen, zu denen solche Sanierungsmaßnahmen überhaupt erst Anlaß geben, durch einen Wettbewerber gemeinsamen Abnehmern vermittelt werden.

Einbezug aller Beteiligten

Zeigt sich bei einem notleidenden Unternehmen die Möglichkeit einer Sanierung, so ist für die als Beteiligte in einem Sanierungsverfahren in Betracht kommenden Personen, Unternehmen, Institute, Vereinigungen, wie etwa Gewerkschaften, eine hinreichende Entscheidungsgrundlage in Form eines Sanierungskonzeptes zu erarbeiten. Oft nehmen Beteiligte das Nichtvorliegen eines verläßlichen Konzeptes geradezu als Begründung dafür, sich nicht am Sanierungsverfahren beteiligen zu können. Zahlreich sind die Verfahren, an denen eine Teilnahme mit dem manchmal wochenlang existierenden Argument, es läge immer noch kein Sanierungskonzept vor, versagt wurde. Dieses Argument wird um so nachdrücklicher erhoben, je mehr jemand aus anderen Gründen eigentlich verpflichtet wäre, am Verfahren teilzunehmen. Einer derartigen Zuschiebung der Verantwortung muß durch eine sofortige, unverzügliche Erstellung einer detaillierten und durchsichtigen Sanierungsplanung entgegengewirkt werden.

Notwendigkeit eines klaren Planungskonzeptes

Letztlich können die beteiligten Banken auch die für eine Sanierung notwendigen, manchmal neuen Betriebsmittel kreditweise nur zur Verfügung stellen, wenn ein eingehendes, schriftlich abgefaßtes Konzept ersehen läßt, ob und wann das Unternehmen wieder in einen ertragsfähigen Zustand kommt und überhaupt in der Lage ist, wieder Kredite zu bedienen. Die gleiche Notwendigkeit besteht für eine eventuell notwendige Prüfung von Landes- und Bundesbürgschaften. Lieferanten können, oft trotz alter Forderungsrückstände, nur neue Produkte zuliefern, wenn erkennbar ist, daß auch eine Bezahlung erfolgen kann. Kunden und Abnehmer können nur bei einer überzeugenden Konzeption neue Aufträge erteilen.

Eine Unternehmenskonzeption muß Aussagen mindestens zu folgenden Themen enthalten:

- Zielsetzung des Unternehmens
- Geschichte des Unternehmens
- Geschäftsentwicklung des Unternehmens vor der Krise
- Ist-Situation des Unternehmens (Darstellung des Geschäftseinbruchs, insbesondere dessen Auswirkungen auf In- und Auslandskunden, den Vertrieb, die Mitarbeiter und das Ergebnis)
- Anpassungsstrategie (Kostensparmaßnahmen, untergliedert in Struktur- und Einmalkosten, zur Bewältigung der Krise – und sonstige Kostensparmaßnahmen – zur Wiederherstellung der Ertragsfähigkeit – sowie die Einsparung von Personal-, Sach-, Berater-, EDV-, Einstands- und Werbekosten)
- spezielle Marktsituation
- Reserven und Risiken
- die kurzfristigen, mittelfristigen und langfristigen Ziele (Marketing, Produktion),
  Administration, Organisation, Logistik, Personal, Rendite, Liquidität, Auslandsaktivitäten)
- notwendige Neugliederung des Unternehmens

Es bedarf ferner der Darstellung des Cash Flows und der Ertragsdaten der letzten fünf Jahre vor der Krise. Die Entwicklung der Bilanzen und der Gewinn- und Verlustrechnung aus diesem Zeitraum ist darzulegen. Die Bilanzen und Gewinn- und Verlustrechnungen sind außerdem zu konsolidieren, wenn sich Sanierungsmaßnahmen auf mehrere, in einem Unternehmensverbund tätige Unternehmen beziehen. Für das zu Beginn einer Krise laufende Geschäftsjahr und ein Jahr danach sind Plan-Bilanzen und Plan-Gewinn- und Verlustrechnungen sowie Finanzbedarfs- und Liquiditätsplanungen zu erstellen.

Das Planungskonzept ist nach seiner Erstellung zunächst unternehmensintern abzustimmen. Die Geschäftsführung muß eine Abstimmung mit dem Aufsichtsrat, den Gesellschaftern und dem Betriebsrat herbeiführen.

Diese müssen alle das Konzept mittragen und einheitlich gegenüber den Gläubigern und der Öffentlichkeit vertreten. Unterschiedliche Auffassungen in diesen Gruppen können zu einer Selbstvernichtung führen und eine Sanierung unmöglich machen. Man muß bedenken, daß nicht nur das Unternehmen als Ganzes in einer existenziellen Krise ist. Die Krisensituation besteht gleichermaßen bei den Gesellschaftern, den Mitgliedern der Geschäftsführung und den Mitarbeitern, welche ihre Existenz aus den Einkünften aus dem Unnternehmen bestreiten und darüber nachdenken, ob weitere Investitionen von Arbeit und Geld in das Unternehmen sich noch lohnen. Allgemeine Verunsicherung kann zu spontanen Kündigungen wichtiger Mitarbeiter führen. Eine Lähmung des Unternehmens kann dadurch eintreten, daß sich die Beteiligten ausschließlich mit der Krise beschäftigen und darüber diskutieren, anstatt über Maßnahmen zu ihrer Bewältigung nachzudenken.

Die Sanierungsmaßnahmen sind nach Erstellung und unternehmensinterner Abstimmung mit den übrigen Beteiligten zu erörtern, insbesondere mit den Banken, den Lieferanten und den Kunden. Wenn alle die Planung überprüft haben, sind die Sanierungsmaßnahmen durchzuführen.

Laufende Überprüfung des Sanierungsverlaufs

Während der Durchführung der Sanierungsmaßnahmen ist der jeweilige Stand der geplanten Maßnahmen und deren Ergebnis in vier-, höchstens sechswöchentlichen eingehenden Besprechungen mit den Vertretern der Banken und der Kreditversicherungen zu erörtern. Das jeweils Erreichte ist mit den Vorgaben zu messen. Eventuelle Abweichungen sind zu minimieren und auf ihre Ursachen zurückzuverfolgen. Die gemeinsamen Sitzungen sind eingehend vorzubereiten. Sie geben Gelegenheit, den jeweiligen Stand der Sanierung so zusammenzufassen, daß er nach seinem Stand und Erfolg übersichtlich dargestellt werden kann.

Nach ca. sechs Monaten einer Sanierung ist eine neue Unternehmensplanung zu erstellen, in der die Wirkungen der bis dahin erfolgten Maßnahmen sowie eine etwa anzugleichende Zukunftsplanung dargestellt werden. Oft muß man feststellen, daß insbesondere die Absatzerwartungen zu optimistisch bewertet wurden und die Markterholung langsamer vonstatten geht, als ursprünglich vorgesehen. Diese beiden Faktoren müssen bei der Überarbeitung der Planung berücksichtigt werden. Dies bedeutet, daß die Planung gewisse Reserven für den Fall enthalten sollte, daß die genannten Faktoren eintreten. Ist der Planungszeitraum der ersten Unternehmensplanung abgelaufen, ist in dem zweiten Bericht eine neue Zukunftsplanung im Anschluß an die frühere zu erstellen. Auch diese zweite Planung ist wiederum von allen Beteiligten zu prüfen.

Der Liquiditätsplan ist wöchentlich zu überprüfen und zu ergänzen. Es wird sich in Sanierungsverfahren immer wieder herausstellen, daß der Geldzufluß langsamer und der Geldabluß schneller als erwartet ist.

Den Lieferanten, Kunden und Arbeitnehmern ist das Vertrauen in das Unternehmen zurückzugeben. Für Zulieferungen ist sicherzustellen, daß diese umgehend bezahlt werden. Anzahlungen von Kunden sind abzusichern. Die Arbeitnehmer sind neu zu motivieren, eine oft schwierige Aufgabe[56].

5. Sanierung im Vergleichs- oder Konkursverfahren

Sollte sich eine außergerichtliche Sanierung – etwa wegen der mangelnden, notwendigen 100%igen Zustimmung aller Beteiligter – nicht durchführen lassen, kann selbst in einem Vergleichs- oder auch Konkursverfahren noch eine Sanierung eines notleidenden Unternehmens versucht werden. So konnte ich mehrere Unternehmen, nachdem ich diese mitunter jahrelang in einem Vergleichs- oder Konkursverfahren weitergeführt hatte, wieder in einen ertragsfähigen Zustand bringen.

Das in der Ölkrise gescheiterte Ölofen produzierende Unternehmen Haas & Sohn, Sinn/Dillkreis, das sich außerdem noch mit der Herstellung von Großküchen und Drahtprodukten beschäftigte, konnte im Konkursverfahren saniert und auf einen neuen Inhaber übertragen werden. Es besteht heute noch und beschäftigt ca. 500 Arbeitnehmer. Saniert werden konnte ebenfalls im Konkursverfahren die Büdinger Metallwarenfabrik, die heute wieder außergewöhnlich ertragsreich tätig ist. Das gleiche gilt für die IBAG-Mohr & Federhaff AG, die zum Baumaschinensektor der Korfgruppe zählte. Ebenso konnten ein Gußwerk und eine Kesselfabrik so saniert werden, daß sie inzwischen wieder Übernehmer fanden. Die Wibau-Maschinen AG, die ich seite 1983 im Konkursverfahren fortführte, fand gerade einen neuen Inhaber. Die AEG AG und die ADT AG, die Muttergesellschaft der Allibert GmbH (Großgesellschafter der ADT AG = Sommer-d'Allibert International N. V., Amsterdam/Niederlande, sowie Sommer SA, Neuilly-sur-Seine/Frankreich), konnte durch Vergleichsverfahren saniert werden. Im Vergleichsverfahren saniert werden konnte auch die bereits erwähnte Fabrik in der Eifel, deren Inhaber die Gewinne fehlerhaft zum Einkauf von Verlusten verwendete. Heute hat dieses Unternehmen wieder eine Umsatzrendite von ca. 10%.

Bei einem Vergleichsverfahren, insbesondere einem sogenannten Fortsetzungsvergleichsverfahren, bestehen die Unternehmen nach Bestätigung des Vergleichs fort. In einem Konkursverfahren ist es nicht möglich, zur endgültigen Sanierung eines Unternehmens im Wege einer Reorganisation etwa die Gesellschaftsanteile oder die Aktien auf neue Besitzer zu übertragen. Der Erwerber erwirbt in diesem Fall das Unternehmen, wie es sich im Konkurs befindet, das heißt insbesondere mit allen Verbindlichkeiten, vor allem mit allen Altlasten. Aus einem Konkursverfahren heraus kann nur eine sogenannte übertragende Sanierung stattfinden, ein von KARSTEN SCHMIDT zutreffend entwickelter und erfundener Begriff[57].

Das Unternehmen wird durch einen Kaufvertrag *de vero* aus der Masse verkauft, was natürlich auch bei einem außergerichtlichen Verfahren denkbar wäre, dort kommt jedoch erfahrungsgemäß nach einer Sanierung nur der Verkauf der Gesellschaftsanteile bzw. Aktien in Betracht. Bei einem Verkauf des Geschäftsbetriebes aus einer Konkursmasse bleibt lediglich ein gesellschaftsrechtlicher Mantel zurück, der meistens mit der Einstellung des Konkursverfahrens mangels Masse gegenstandslos wird, es sei denn, der Verkauf hätte so viel gebracht, daß ein Teil des Kaufpreises nach Befriedigung von besserrangigen Rechten, insbesondere Aussonderungs- und Absonderungsrechten, zur Verteilung an die einfachen Gläubiger übrig bliebe[58].

Der Vorteil des Erwerbers eines Geschäftsbetriebes aus der Konkursmasse ist, daß er gegen Zahlung eines Kaufpreises nur Aktivwerte übernimmt, die ihn in keiner Weise mehr für die früheren Schulden des Konkursunternehmens haften lassen. Das ist sicherlich ein finanzieller Vorteil gegenüber einer Reorganisation in einem außergerichtlichen Sanierungsverfahren. Dort wird das ganze Unternehmen wiederhergestellt und haftet deshalb für seine gesamten Verbindlichkeiten, auch für die Altlasten. Der Erwerber eines Unternehmens aus der Konkursmasse hat diese Altlasten nicht zu bedienen. Der Vorteil schlägt sich erfahrungsgemäß in der Umsatzrendite des fortgeführten Unternehmens nieder.

Für den Verkauf eines Unternehmens aus einer Konkursmasse ist eine manchmal mehrjährige Vorbereitungszeit notwendig. Oft macht man die Erfahrung, daß die Inhaber von Konkursunternehmen große Vorräte angeschafft haben, für die in der gegebenen Höhe ein Bedarf nicht besteht. So fand ich bei der Wibau AG Vorräte für ca. 100 Millionen DM vor. Allenfalls 20 Millionen DM Vorräte wären notwendig gewesen. Allein die Rückführung einer solchen Kapitalbindung nimmt oft Jahre in Anspruch. Ein Unternehmenskaufpreis, in dem sich so hohe Bestände niederschlagen können, ist nicht darstellbar. Um einen vernünftigen Kaufpreis zu erhalten, muß deshalb zunächst die Rückführung der Kapitalbindung erfolgen. Das gleiche gilt für die notwendige Rückführung eines etwaigen Personalüberbestandes. Bei der Wibau waren ca. 1200 Arbeitnehmer tätig, obwohl nur ca. 300 Arbeitnehmer beschäftigt werden konnten. Im Hinblick auf die hohen fiktiven gefactorten Forderungen war es notwendig, eine solche Anzahl Arbeitnehmer zu beschäftigen. Eine geringere Anzahl von Arbeitnehmern hätte die fiktiven Umsätze ihrer Höhe nach nicht erzielen können. Allein aus einem Vergleich mit den vorhandenen Arbeitskräften und der Höhe der fiktiven Umsätze unter Berücksichtigung branchenüblicher Pro-Kopf-Umsätze wäre aufgefallen, daß die den Banken angegebenen Umsätze und die sich daraus ergebenden fiktiven Forderungen unecht waren. Die Rückführung der Arbeitskräfte auf ca. 300 nahm ebenfalls erhebliche Zeit in Anspruch. Wäre der Geschäftsbetrieb früher veräußert worden, wären sie nach der gesetzlichen Vorschrift des § 613 des deutschen Bürgerlichen Gesetzbuches auf den Erwerber übergegangen.

Abschließend soll noch darauf hingewiesen werden, daß beim Erwerb eines Geschäftsbetriebes aus der Konkursmasse bei der Ermittlung des zahlbaren Kaufpreises erhebliche Sorgfalt anzuwenden ist. Der Erwerber muß wissen, daß das Konkursverfahren gemäß der Konkursordnung aufgrund einer Einnahmen-/Ausgabenbuchhaltung geführt wurde. Grundlage einer Konkursbuchhaltung ist ein übliches Kassenbuch. Das Unternehmen muß danach wieder zu betriebswirtschaftlichen Notwendigkeiten zurückgeführt werden. Hierdurch können unübersehbare Kosten und Risiken entstehen, die kaufpreismindernd zu berücksichtigen sind.

Fußnoten

1) KRYSTEK, ULRICH, Unternehmenskrisen, Gabler 1987, S.231 ff.; SCHIMKE, Management, Enzyklopädie, 2. Aufl., Gabler 1987, S. 301 ff.; FICHTELMANN, Die steuerlichen Probleme der Unternehmenssanierung, Deubner Verlag 1985, S. 104.
2) GROSS, Sanierung durch Fortführungsgesellschaften, 2. Aufl., Dr. Otto Schmidt KG, S. 23.
3) VORMBAUM, HERBERT, Finanzierung der Betriebe, 7. Aufl., Gabler, S. 517.
4) GUTENBERG, Finanzierung und Sanierung in HDB sp. 1739 ff. (1774).
5) Gutachten ID, S. 20.
6) Handwörterbuch der Betriebswirtschaft, Stuttgart 1938, Sp. 1739 ff. (1774, V, A, Abs. 1).
7) SCHMALENBACH, Finanzierungen, S. 118.
8) EMMERICH, Sanierungen, Verlag J. Bensheimer, 1930, S. 4.
9) So EMMERICH, a.a.O.
10) KRUMMENACHER, Krisenmanagement, Zürich 1981, S. 3; KRYSTEK, Krisenbewältigungsmanagement und Unternehmensplanung, Gabler 1981, S. 28
11) KAPPLER/SEIDEL, Steuer, Entscheidungen für die Zukunft, Ffm., S. 280 ff.
12) KRYSTEK, Krisenbewältigungsmanagement und Unternehmensplanung, S. 5.
13) KRYSTEK, a.a.O., S.6.
14) KRYSTEK, a.a.O., S. 6/15.
15) KRYSTEK, a.a.O. (Anm. 12); KRYSTEK, Unternehmenskrisen, Gabler 1987.
16) SCHIMKE, Management Enzyklopädie, Bd. 8, S. 301 ff. zum Begriff Sanierungen.
17) FLEEGE-ALTHOFF, Die notleidende Unternehmung, Bd. I, Krankheitserscheinungen und Krankheitsursachen, Stuttgart 1930, S. 83 ff., 171 ff.
18) Krisenursachen nach Schimmelpfeng GmbH, abgedruckt bei KRYSTEK, Unternehmenskrisen, a.a.O., S. 51.
19) SCHMIDHEINY, STEPHAN, „Die Schattenseiten der Going-puplic-Welle", NZZ vom 23. 9. 1987.
20) Kapitel 7 des US Bankruptcy Code von 1978: Das Insolvenzunternehmen und insolventen Privatpersonen offenstehende Liquiditationsverfahren, vgl. The Honolulu Advertiser, Freitag, 21. November 1986.
21) SUMMER, FRANZ, Das Voest Debakel, ORAC-Verlag, 1987, S. 124 ff.; „Voest-Alpine-Sanierung kostet Milliarden und 3000 Arbeitsplätze", Handelsblatt vom 23. 9. 1987.
22) MÜLLER-VOGG, „two-tier-pay-scale-free enterprise system", FAZ vom 23. 8. 1986.
23) Vgl. auch LINDER, WILLY, Wirtschaftspolitik auf dem Prüfstand, Verlag NZZ, S. 201 ff.; STAUDT, ERICH, „Personalpolitik in japanischen Unternehmen", Blick durch die Wirtschaft vom 30. 3 1988
24) Vgl. etwa die Aufstellung: „Die 100 größten Unternehmen der Bundesrepublik", in: Die Zeit vom 10. 8. 1984. Die Größenfolge richtet sich nach dem Umsatz, nicht nach Gewinn oder Beschäftigten.
25) Geschäftsbericht 1987 AEG, S. 7, 17.
26) FAZ vom 14. 9. 1987; FR vom 23. 1. 1988; NZZ vom 1. 5. 1988; FR vom 3. 6. 1988.
27) WIBORG, „Die Beteiligungspolitik der Batig" in: FAZ vom 24. 1. 1988.

28) JÄGER, in: Probleme der Rechts- und Steuerberatung in mittelständischen Unternehmen, herausgegeben von WINFRIED GAIL, Verlag D. Schmidt 1988, S. 14.
29) Vgl. Time Nr. 29 vom 20. 7. 1985, S. 49.
30) Vgl. Anm. 29
31) IACOCCA, An Autobiography, London 1985, S. 62.
32) Vgl. Anm. 29, to reel = wanken, taumeln.
33) IACOCCA, a.a.O.
34) Jäger, a.a.O.
35) HOHENSTEIN, GÖTZ, Cash-Flow, Cash-Management, Wiesbaden 1988, S. 17; wer am Ende der Inflationsaera 1979, 1980 Brillanten kaufte, wird seine Verluste kaum wieder gutmachen; damals kostete z. B. ein Einkaräter lupenrein fast 70 000 Franken, während er derzeit (1988) mit 14 000 Franken notiert wird – vgl. Blick durch die Wirtschaft, 4. 2. 1988.
36) FAZ vom 31. 7. 1987; NZZ vom 1. 8. 1987; FR vom 14. 1. 1989; NZZ vom 27. 6. 1985.
37) Asian Wallstreet Journal, 28./29. 11. 1986.
38) Vgl. China Daily vom 9. 6. 1987.
39) NZZ vom 6. 9. 1988.
40) GORBATSCHOW, MICHAIL, Perestroika, Droemer/Knaur 1987, S. 107.
41) LINDER, WILLY, a.a.O., S. 13.
42) Welt am Sonntag, 5. 2. 1989.
43) HdSW XII 1958, S. 582 ff.
44) NZZ vom 22. 5. 1987; Handelsblatt vom 22/23. 5. 1987.
45) So FRITZ LEUTWILER, Interview in: Die Zeit vom 1. 1. 1984.
46) SCHIMKE, Management Enzyklopädie, 2. Aufl., 1984, S. 301 Sanierung.
47) Grundsätzliche Bemerkungen des Verfassers zu dem Ersten und Zweiten Bericht der Kommission für Insolvenzrecht in: DBW – Die Betriebswirtschaft, 2/88, S. 258 ff.
48) Konkursordnung, 8. Aufl., Bd. II/1, §173, Anm. 3.
49) Erster Bericht der Kommission für Insolvenzrecht, Einleitung, S. 6.
50) Vgl. FLESSNER, AXEL, Sanierung und Reorganisation, Tübingen 1982, S. 33.
51) Hermes Kreditversicherungs AG, Mitteilungen, Ausgabe 2/88.
52) KÜNNE, Der Herstatt-Vergleich, in: Konkurs-, Treuhand- und Schiedsgerichtswesen KTS, 1975, S. 178 ff.
53) VOGELS-NÖLTE, Vergleichsordnung, 2. Aufl., 1950, §10, Anm. 2; WARNEYER, Vergleichsordnung, 1935, §17, Anm. I.
54) Statt vieler, besonders deutlich SCHIMKE, in: Management-Enzyklopädie, 1984, Bd. 8, S. 301 ff., (302).
55) So SCHMIEDEL, EKKEHARD, in: ALBACH, HORST, Betriebswirtschaftslehre mittelständischer Unternehmen, C. E. Poeschel 1984, S. 389 ff., (397).
56) Vgl. Verfasser in: Beiträge zur Reform des Insolvenzrechts, IDW-Verlag 1987, S. 101 ff. (106, 107, 108, 109).
57) SCHMIDT, KARSTEN, ZiP 1980, S. 328, 336.
58) Vgl. Ausführungen des Verfassers, a.a.O., S. 179 ff.